En nuestra granja

por Laura E. Williams • fotografías de Laura E. Williams

traducido por Esther Sarfatti

Bebop Books
An imprint of LEE & LOW BOOKS Inc.

Manejamos.

Plantamos.

Arreglamos.

Sujetamos.

Levantamos.

Alimentamos.

Nos abrazamos.